BEI GRIN MACHT SICH IHR WISSEN BEZAHLT

- Wir veröffentlichen Ihre Hausarbeit, Bachelor- und Masterarbeit

- Ihr eigenes eBook und Buch - weltweit in allen wichtigen Shops

- Verdienen Sie an jedem Verkauf

Jetzt bei www.GRIN.com hochladen und kostenlos publizieren

Thorsten Kozik

Romanisierung im Römischen Reich

GRIN Verlag

Bibliografische Information der Deutschen Nationalbibliothek:

Die Deutsche Bibliothek verzeichnet diese Publikation in der Deutschen National-
bibliografie; detaillierte bibliografische Daten sind im Internet über http://dnb.d-
nb.de/ abrufbar.

Impressum:

Copyright © 2005 GRIN Verlag GmbH
Druck und Bindung: Books on Demand GmbH, Norderstedt Germany
ISBN: 978-3-656-02404-0

Dieses Buch bei GRIN:

http://www.grin.com/de/e-book/179914/romanisierung-im-roemischen-reich

Inhaltsverzeichnis

I.   Definition

Unter dem Begriff Romanisierung versteht man in der modernen Geschichtswissenschaft das Zusammenwachsen der unterschiedlichen Völker und Stämme des römischen Reiches zu einer homogenen Reichsbevölkerung. Der Begriff dient als Konzept zur Erklärung dieses ökonomischen, politischen, geistigen und kulturellen Wandels in den Provinzen[1]. Dieser Wandel vollzog sich ohne klare Strategie im heutigen Sinne[2], man kann eher von einer „Eigen-Romanisierung"[3] der Pergerinen[4] Reichsbewohner als von einer von der Zentralmacht geplanten Strategie sprechen, d.h. sie erfolgte ohne zutun der Zentralgewalt. Interessant und wichtig ist in diesem Zusammenhang, dass sie in allen Provinzen etwa gleichzeitig begann und das ganze Reich umfasste.

Diese Romanisierung bildete die Grundlage dafür, dass das römische Reich über mehrere hundert Jahre eine homogene Einheit bilden konnte[5], die Bestand hatte.

II.   Gründe für die Romanisierung der Provinzen

1. Urbanisierung

Die Urbanisierung der verschiedenen Provinzen ist einer der Hauptgründe für die Romanisierung des Reiches. Unter Augustus wurden vor allem im Westteil des Reiches neue Städte gegründet, um die Veteranen nach ihrem Ausscheiden aus der römischen Armee zu versorgen[6].

Im Osten des Reiches konnte man bereits auf eine große Anzahl von Städten zurückgreifen, da dort die Urbanisierung bereits viel eher eingesetzt hatte. Hier bildete die Stadt schon immer die wichtigste Lebensform[7] für die Menschen.

Erst die Urbanisierung macht die Provinzen für die Römer beherrschbar[8]. Die Städte dienten als Verwaltungszentren, in der die Provinzelite lebte, und bildeten den zentralen Punkt, auf den sich die umliegende Region hin ausrichtete. In ihnen zentrierte

---

[1] Vgl. Woolf, Greg: Art. Romanisierung, Sp. 1122, Der Neue Pauly, Band 10, Stuttgart und Weimar 2001 (im folgenden zitiert als Woolf, Romanisierung)
[2] Vgl. Salway, Peter, Roman Britain, Oxford 1981, S. 505 (im folgenden zitiert als Salway, Roman Britain)
[3] Woolf, Romanisierung, Sp. 1124
[4] Vgl. Bringmann, Klaus / Schäfer, Thomas: Augustus und die Begründung des römischen Kaisertums, Seite 376, Berlin 2002
[5] Vgl. Bleicken, Jochen, Verfassungs- und Sozialgeschichte des Römischen Kaiserreiches, Band 2, 3. Auflage, Paderborn u. a. 1994. (im folgenden zitiert als Bleicken, Sozialgeschichte)
[6] Vgl. Bleicken, Sozialgeschichte, S. 17
[7] Vgl. Bleicken, Sozialgeschichte, S. 15
[8] Vgl. Bleicken, Sozialgeschichte, S. 15

sich zum einen die Verwaltung und zum anderen bildete sie einen Anziehungspunkt[9] als Träger der römischen Kultur, Lebensweise und auch ihre Annehmlichkeiten.

2. Die Armee

Die römische Armee nimmt im Prozess der Romanisierung eine besondere Stellung ein[10]. Dies hatte verschiedene Gründe. Zum einen kamen die Provinzen durch die Truppen erstmals mit der römischen Kultur und Lebensweise in Kontakt. In den gerade eroberten Provinzen bildeten die dort stationierten Truppen einen ersten Anziehungspunkt. Sie bauten befestigte Stellungen und es entstanden erste Handelsbeziehungen zur Bevölkerung. So bildeten sich aus den befestigten Lagern an den Grenzen (etwa zu Germanien) mit der Zeit Städte, die gleichzeitig Militärlager, lokales Zentrum, Handelspunkt und Verwaltungszentrum wurden. Interessant ist in diesem Zusammenhang dass so gerade die Grenzprovinzen etwa zu Germanien sehr schnell urbanisiert wurden. Daneben trug das Heer auch durch zahlreiche Bauprojekte (etwa der Straßenbau) zur Urbanisierung und somit Romanisierung in verschiedenen Provinzen (z.B. Gallien und Afrika) bei. Hier ist festzuhalten, dass das Heer nicht gebraucht wurde um die Provinzen ruhig zu halten (bis auf wenige Ausnahmen), sondern um Sicherheit und Ruhe der Provinzbewohner zu gewährleisten[11]. Das Heer wurde nicht für den Dienst im Reich sondern für die Grenzsicherung des Reiches gebraucht.

Sehr wichtig ist in diesem Zusammenhang die Hilfstruppenrekrutierung. Diese Truppen bildeten neben den römischen Legionen die römische Armee. Während die römischen Legionäre römische Bürger sein mussten[12], wurden die Hilfstruppen aus den verschiedenen Provinzen angeworben und im ganzen Reich stationiert. Bei ihrer Entlassung bekamen die Hilfstruppensoldaten dann das römische Bürgerrecht (das sog. Diploma[13]). Diese Soldaten lernten während ihrer etwa 25 jährigen Militärzeit die römischen Denk- und Lebensformen kennen und verließen die Armee als überzeugte Römer[1415] um sich entweder in der Provinz, in der sie gedient hatten oder ihrer

---

[9] Vgl. Bleicken, Sozialgeschichte, S. 39
[10] Vgl. Bleicken, Sozialgeschichte, S. 18
[11]Vgl. Bleicken, Sozialgeschichte, S.10
[12] Vgl. Millar, Fergus, Das Reich und seine Nachbarn, in Weltgeschichte, Band 8, Augsburg 2000, S. 120 (im folgenden zitiert als Millar, Das Reich)
[13] Vgl. Millar, Das Reich, S. 123
[14] Vgl. Bleicken, Sozialgeschichte, S. 42
[15] Vgl. Salway, Roman Britain, S. 508

Heimatprovinz niederzulassen. Dieses Verfahren trug zu einer stetigen Ausweitung der römischen Bürgerschaft in den Provinzen bei.[16]

3. Die Oberschicht

Die Oberschicht der einzelnen Provinzen wurde von den Römern schnell assimiliert. Da man nur auf einen sehr begrenzten Beamtenapparat zurückgreifen konnte brauchte man die Oberschichten der einzelnen Völker und Stämme wenn man die riesigen Gebiete kontrollieren und verwalten wollte. Daher versuchte Rom sehr schnell, die verschiedenen Oberschichten durch die Verleihung des römischen Bürgerrechts aufzunehmen. Hier findet man einen wichtigen Punkt in der römischen Herrschaft. Sie beruhte nicht so sehr auf den Millionen Menschen sondern eher auf der jeweiligen Oberschicht, die man schnell romanisierte. Dadurch verband sie ein gemeinsames Interesse an der Erhaltung und Verwaltung des Reiches. Dadurch, dass man ihre Macht und ihren Einfluss nicht minderte, sondern ihnen auch noch Aufstiegsmöglichkeiten im römischen Reich bot gelang es Rom, eine Schicht aufzubauen, die sich selbst als Römer sah und dadurch in den Provinzen systemstabilisierend wirkte. Die Oberschicht der Provinzen war sehr schnell bereit dazu, die ihnen gebotenen Möglichkeiten zu nutzen. Natürlich ging dieser Prozess nicht ohne Konflikte vonstatten; gerade dies macht die Tacitus-Quelle zur Diskussion über den Zutritt gallischer Provinzen zum Senat deutlich. Dennoch gelang es den Römern schnell, aus ehemaligen Feinden Freunde und Verbündete zu machen, die sich als Römer fühlten, und sich für das Reich einsetzten. Dies geschah natürlich auch zu ihrem eigenen Nutzen, da man schnell die Chance bekam, bis in die höchsten Kreise des Imperiums, etwa den Senat, aufzusteigen.

Nach und nach wandelten sich die einzelnen Reichsaristokratien zu einer reichseinheitlichen Honoratiorenschicht[17]. In dieser Zeit gab es Senatoren aus den verschiedensten Provinzen und sogar Kaiser die aus den Provinzen kamen (z.B. Kaiser Hadrian der aus Spanien kam).

4. Der Handel

Auch der Handel und der mit ihm verbundene Wohlstand spielte eine beachtliche Rolle bei der Romanisierung. Durch die einsetzende Urbanisierung der Provinzen erfuhr der Handel im gesamten Imperium Aufschwung. Die Beherrschung und die wirtschaftliche

---

[16] Vgl. Bleicken, Sozialgeschichte, S.44
[17] Vgl. Bleicken, Sozialgeschichte, S. 42

Durchdringung bildeten in diesem Zusammenhang ein System. Dabei spielt natürlich auch eine große Rolle, dass gerade die Provinzen und die Menschen in ihnen vom auflebenden Handel profitierten[18]. Sie lernten neue Techniken und Fähigkeiten und neue Produkte aus verschiedenen Teilen des Reiches kennen und konnten selbst zu Wohlstand und dadurch schnell auch zu Ansehen gelangen. Die fortschreitende Urbanisierung und die damit entstehenden Städte bildeten Zentren florierenden Handels und wirtschaftlichen Aufschwungs. Der Hauptwirtschaftszweig blieb aber während der ganzen Zeit die Landwirtschaft.

Dieser wirtschaftliche Aufschwung und der damit entstehende Wohlstand sind Faktoren, die ebenfalls systemstabilisierend gewirkt haben, und die große Anziehungskraft auf die Menschen hatten.

5. Die Religion

Die Römer waren in religiösen Dingen sehr tolerant, und respektierten die verschiedenen religiösen Vorstellungen in den einzelnen Provinzen. Aufgrund ihres eigenen Religionsverständnisses fiel es ihnen leicht neben ihren Göttern weitere zu akzeptieren[19]. In den einzelnen Provinzen gab es eine Vielzahl von Göttern und Kulten. Dem Kaiserkult kommt in diesem Zusammenhang eine besondere Bedeutung zu. An ihm nahmen vor allen Dingen die Repräsentanten des Staates und die Oberschicht teil, was wiederum neben dem Bekenntnis zum Kaiser auch als Zeichen und Bekenntnis zum Römischen Reich und der eigenen Romanisierung zu verstehen war[20]. In Gallien etwa versammelten sich einmal pro Jahr die Abgesandten der 60 Gallischen Stämme am Altar der Roma und des Augustus um dort ein feierliches Opfer darzubringen[21]. Dies war ein deutliches Bekenntnis zum römischen Reich.

III.   Differenzierung der Reichsteile

Da es große Unterschiede zwischen der West- und der Osthälfte des Reiches gab sollen diese Unterschiede kurz angerissen werden. Insgesamt gilt es zu beachten, das etwa der Osten weitaus stärker urbanisiert war als der Westen, dass man es dort in weiten Teilen

---

[18] Vgl. Millar, Das Reich, S. 163
[19] Vgl. Salway, Roman Britain, S. 515
[20] Vgl. Salway, Roman Britain, S. 515
[21] Vgl. Grimal, Pierre: Der Aufbau des römischen Reiches, in: Weltgeschichte, Band 7, Augsburg 2000, S. 249 (im folgenden zitiert als Grimal, Aufbau des Reiches)

mit der griechisch/hellenischen Kultur zu tun hatte , die durch die Hellenisierung, einem komplexen Akkulturationsphänomen[22], entstanden war. Der römische Realismus machte in diesem Zusammenhang erst gar nicht den Versuch, zu vereinheitlichen, was nicht zu vereinheitlichen war[23].

1. Die Westhälfte des Reiches

In der Westhälfte des Reiches begann die Romanisierung im Zuge der Urbanisierung unter Augustus. Hier sind die Gebiete ausgenommen, die bereits früher unter römische Kontrolle gerieten wie etwa die Narbonensis[24] in Gallien oder Gebiete im Süden Spaniens. Dabei spielte vor allem die bereits erwähnte Ansiedlung von Veteranen eine große Rolle. Diese Urbanisierung brachte für die Provinzen in Spanien, Britannien und Gallien die oben genannten Vorteile und blieb nicht nur auf die Städte beschränkt. Auch in den ländlichen Gebieten hielt die Romanisierung Einzug, was sich etwa in der neuen römischen Bauweise und den entstehenden Villen wieder spiegelt. Im Westteil des Reiches sprach man Latein, wobei festzuhalten ist, dass nicht nur die Römer selbst und die Oberschicht sprachen, sondern die Sprache bis in die „einfache" Bevölkerung vordrang. Deutlich wird dies etwa an Aufdrucken auf Töpferwaren aus Gallien. Hier ersetzten die Töpferer das keltische „avot" durch das lateinische „fecit", was soviel wie „machte" bedeutet[25].

Dabei sollte auch Afrika erwähnt werden, da die Leistungen der römischen Armee hier sehr deutlich werden. Die Legionäre hatten hunderte Kilometer Straßen gebaut und das Land für die Urbanisierung vermessen[26], so dass weite Gebiete förmlich aufblühten. Afrika wurde durch den Handel, vor allem mit landwirtschaftlichen Produkten wohlhabend[27].

2. Die Osthälfte

In der Osthälfte des Reiches blieb auch weiterhin das Griechische als wichtigste Sprache vorherrschend. Hier konnten die Römer auf ein gut ausgebautes Städtesystem zurückgreifen, das für die Menschen immer schon die angemessene Lebensform

---

[22] Vgl. Gerber, Jörg: Art. Hellenisierung, Der Neue Pauly, Band 5, Stuttgart und Weimar, 2001, Sp. 301 (im folgenden zitiert als Gerber, Hellenisierung)
[23] Vgl. Grimal, Aufbau des Reiches, s. 244
[24] Vgl. Millar, Das Reich, S. 148
[25] Vgl. Millar, Das Reich, S. 155
[26] Vgl. Millar, Das Reich, S. 176
[27] Vgl. Millar, Das Reich, S. 179

gebildet hatte[28], dementsprechend finden sich in der Osthälfte wesentlich weniger Neugründungen. Daher war die Ausstrahlung der wenigen Kolonien geringer[29], aber auch hier hatte der Aufstieg der städtischen Eliten im römischen Reich eine Annäherung und Romanisierung zufolge[30]. Hier wirkte, wie in anderen Grenzgebieten auch, die in den Grenzgebieten stationierte römische Armee[31]. Die Ähnlichkeit der hellenistischen und der römischen Kultur erleichterten den Prozess der Homogenisierung im Osten natürlich. In diesem Zusammenhang bildet Ägypten eine Ausnahme. Ägypten war immer eine Monarchie gewesen, daher nahm auch Augustus den Titel des Königs von Ägypten an[32], ohne in Rom als solcher aufzutreten[33]. Dies Beispiel macht deutlich, dass die Römer durchaus verschiedene Herrschaftsmodelle im Reich zuließen und es verstanden auf die Besonderheiten in den einzelnen Provinzen einzugehen.

IV. Fazit

Abschließend kann festgehalten werden, dass es sich bei der Romanisierung des Reiches um einen in den verschiedenen Reichsteilen gleichzeitig beginnenden Prozess handelte, der zu einer Homogenisierung[34] des Reiches in Sprache, Kultur, Politik und Ökonomie führte. Dieser Prozess wurde nicht von der Zentralgewalt gesteuert[35], jedoch durchaus gefördert[36], etwa durch die Verleihung oder Ausweitung des römischen Bürgerrechts.

Die Aufnahme lokaler Eliten in das römische Staatswesen ist meines Erachtens dabei der wichtigste Schritt, da man so Verbündete schuf, die es erst ermöglichten diesen Riesenraum zu verwalten und zu beherrschen.

Nur dadurch, dass ein einheitliches Interesse zwischen Rom und seinen Abgesandten auf der einen Seite und der provinziellen Oberschicht auf der anderen Seite geschaffen wurde, konnte das Kaiserreich bestand habe[37]. Dieser Prozess zeigt in beeindruckender

---

[28] Vgl. Bleicken, Sozialgeschichte, S. 15
[29] Vgl. Gerber, Hellenisierung, Sp. 306
[30] Vgl. Gerber, Hellenisierung, Sp. 307
[31] Vgl. Gerber, Hellenisierung, Sp. 307
[32] Vgl. Grimal, Aufbau des Reiches, S. 244
[33] Vgl. Grimal, Aufbau des Reiches, S. 244
[34] Vgl. Bleicken, Sozialgeschichte, S. 45
[35] Vgl. Bleicken, Sozialgeschichte, S. 35
[36] Vgl. Bleicken, Sozialgeschichte, S. 36
[37] Vgl. Millar, Das Reich, S. 69

Weise die Fähigkeit der Römer, aus Feinden Freunde zu machen und fremde oder unterschiedliche Völker zu assimilieren.

Literaturverzeichnis

- Bleicken, Jochen: Verfassungs- und Sozialgeschichte des Römischen Kaiserreichs, Band 2, 3. Auflage, Paderborn, 1994
- Bringmann, Klaus/ Schäfer, Thomas: Augustus und die Begründung des römischen Kaisertums, Berlin 2002
- Gerber, Jörg: Art. Hellenisierung, Der Neue Pauly, Band 5, Stuttgart und Weimar 2001
- Grimal, Pierre, Der Aufbau des römischen Reiches, in: Weltgeschichte, Band 7, Augsburg 2000
- Millar, Fergus: Das römische Reich und seine Nachbarn, in: Weltgeschichte, Band 8, Augsburg 2000
- Salway, Peter: Roman Britain, Oxford 1981
- Woolf, Greg: Art. Romanisierung, Der Neue Pauly, Band 10, Stuttgart und Weimar 2001